DOLL SEWING BOOK

HANON 하농

—— Licca ——

사토미 후지이 지음   안은주 옮김

라의눈

contents

하농의 인형옷 패턴은 초심자들이 재봉할 때
'뭔가 이상한데'라고 살짝 당황하지만,
끝까지 만들어보니 옷이 완성되는 기쁨을
알려드리는 것을 목표로 하고 있습니다.

1/6 스케일 이하의 인형옷은 1밀리미터의
차이도 중요하지만, 초심자분들이라면 다소
오차가 생기더라도 인형옷 재봉 자체를 즐기고
완성되었을 때의 기쁨을 느끼시길 바랍니다.

하농 세계관의 인형옷을 손쉽게 체험해
볼 수 있는 기회이니, 이 책에 나오는 옷들을
꼭 만들어봐 주세요. 마음껏 즐기시길…

HANON 사토미 후지이

(좌) 버킷해트(山형), 케이프, 자수 튜닉, 핸드백(大), 부츠
(우) 케이프, 코쿤 코트, 오버롤, 핸드백(大), 부츠

코쿤코트(칼라 부착, 쇼트), 블라우스(프릴 칼라)
티어드 스커트(2단), 핸드백(小)

코쿤 코트(칼라 부착), 플리츠 랩스커트, 숄더백(小), 부츠

베레모, 체스터 코트, 오버롤, 토트백

버킷해트(일자형), 퍼프소매 원피스(둥근 칼라, 긴소매, 티어드 스커트), 베스트, 토트백, 부츠

퍼프소매 원피스(긴소매, 스커트 쇼트 길이), 숄더백

(좌) 퍼프소매 원피스(플랫칼라, 몸판 쇼트 길이, 티어드 스커트), 핸드백(小), 부츠
(우) 버킷해트(일자형), 블라우스(프릴 칼라, 반소매), 질레, 오버롤, 핸드백(小), 부츠

원피스(프릴 칼라, 반소매, 몸판 쇼트 길이), 질레, 부츠

자수 튜닉, 티어드 스커트(3단), 숄더백(大), 부츠

(좌) 블라우스(프릴 칼라, 반소매), 테이퍼드 팬츠, 핸드백(大), 부츠
(우) 베레모, 블라우스(셔츠 칼라, 긴소매), 플리츠 랩스커트, 부츠

베레모, 블라우스(프릴 칼라, 반소매), 베스트, 티어드 스커트(3단), 숄더백(小), 부츠

자수 튜닉(쇼트 길이), 하프 팬츠, 숄더백(小), 부츠

Tools

인형옷 만들기를 시작하기에 앞서 갖출 도구들입니다.
사람이 입을 옷을 만들 때는 필요치 않지만, 작은 인형옷을 만들 때는
완성도를 높여주므로 꼭 준비해 주세요.

실크 리본 *Embroidery Silk Ribbon*
자수용 3.5㎜ 너비의 리본은 부드러워서
다루기 쉽고 색상도 다양합니다.

자수실 *Cotton Embroidery Floss*
DMC의 25번 실을 사용합니다.

실뜯개(리퍼) *Seam Ripper*
바느질 땀이 비뚤어졌을 때, 이것으로 실
을 깨끗하게 잘라내고 다시 재봉합니다.

겸자(집게가위) *Tweezers*
작은 옷감을 겉으로 뒤집을 때 매우 편리
한 수예용 작은 겸자입니다.

골무 *Thimble*
자수를 새기거나 공그르기를 할 때 사용
합니다.

쪽가위 *Thread Scissors*
손바느질 실, 재봉실의 끝을 자릅니다.

재단 가위 *Dressmaking Scissors*
깔끔하게 잘려서 세밀한 작업이 가능한
가위. 저는 미스즈(미령) 브랜드의 퀼팅(패
치워크) 가위를 사용합니다.

재봉용 송곳 *Tailor's Awl*
옷감을 뒤집어서 각을 잡을 때, 재봉틀 바
느질에서 옷감을 눌러줄 때 사용합니다.

재봉실 *Sewing Thread*
손바느질용, 재봉틀용 모두 틱틱 프리미어
(TicTic PREMIER)의 실을 사용합니다.

원단용 접착제 *Fabric Glue*
임시 고정할 때는 가와구찌의 원단용 접
착제를, 완전히 고정할 때는 피혁용 접착
제를 사용합니다.

올풀림 방지액 *Fray Stopper*
재단 후에 옷감의 가장자리에 발라줍니다.
저는 가와구찌의 피케를 사용합니다.

초크펜 *Tailor's Chalk*
얇은 옷감에는 잘 번지지 않는 카리스마
샤프 초크펜을, 두꺼운 옷감에는 코스모의
초크펜(극세 타입)을, 진한 색상의 옷감에
는 크로바의 초크펜 흰색을 구분해서 사
용합니다.

다리미 *Iron*
앞부분이 좁고 얇은 크로바 패치워크 다
리미를 사용합니다. 시접을 나누고, 접는
선을 표시하고, 주름을 펼 때 등에 사용합
니다.

바늘, 시침핀, 자
Handsewing Needles,
Dressmaker Pins, Ruler

Collarless Cocoon Coat
칼라 없는 코쿤 코트

어깨부터 소매까지 완만한 실루엣의 페미닌풍 코트. 소매를 달 필요가 없어 제작 과정이 매우 간단합니다.
밑단에 턱을 넣어 둥그런 모양으로 완성합니다.

얇은 모직	20cm × 40cm
5mm 스냅단추	2쌍 (취향에 맞춰)
3mm 장식용 단추	8~10개 (취향에 맞춰)

1

원단 위에 패턴을 놓고 베낍니다. 재단선(바깥의 선)을 잘라서, 원단의 올이 풀리지 않도록 가장자리에 올풀림 방지액을 발라줍니다.

2

앞몸판과 뒤몸판의 어깨를 겉끼리 마주대어 재봉합니다. (바늘땀은 약 1.8㎜) 재봉된 곳이 잘리지 않도록 주의하면서 시접에 가위집을 넣어줍니다.

3

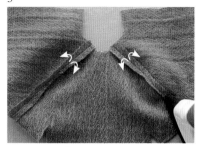

다림질로 시접을 나눕니다.

4

다림질로 소맷부리의 시접을 접어줍니다.

5

겉에서, 소맷부리에 고정 스티치를 넣어줍니다.

6

앞트임의 안단 윗부분을 겉끼리 마주하도록 접어 재봉합니다.

7

안단 시접의 각진 부분을 잘라내고, 목둘레 시접에 가위집을 넣어줍니다.

8

안단을 몸판 안쪽으로 뒤집고, 각진 부분을 깔끔하게 정돈해서 다림질합니다. 목둘레 시접도 다림질해서 안쪽으로 접어줍니다.

8

원단용 접착제로 목둘레 시접을 임시 고정합니다.

10

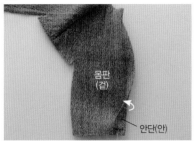

앞트임의 안단 아랫부분을 겉끼리 마주하도록
접어줍니다.

11

안단 아랫부분을 재봉하고, 시접의 각진 부분을
잘라냅니다.

12

안단을 겉으로 뒤집고, 각진 부분을 깔끔하게
정돈해서 다림질합니다.

13

앞몸판과 뒤몸판의 소매아래와 옆선을 겉끼리
마주댑니다.

14

소매 아래와 옆선을 재봉합니다.

15

재봉한 부분이 잘리지 않도록 주의하면서 겨드
랑이 시접에 가위집을 넣어줍니다.

16

다림질로 소매 시접을 나눕니다.

17

소매를 겉으로 뒤집고, 옆선 시접을 다림질로
나눕니다.

18

밑단 시접을 다림질로 접어줍니다.

19

원단용 접착제로 밑단 시접을 임시 고정합니다.

20

목둘레~앞트임~밑단~앞트임~목둘레를 빙 둘러서 고정 스티치를 넣어줍니다.

21

고정 스티치를 넣은 모습입니다.

22

다림질로 형태를 정돈합니다.

23

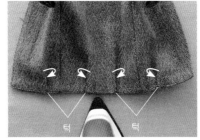

밑단의 턱 부분을 다림질로 접어, 원단용 접착제로 임시 고정합니다.

24

손바느질로 밑단의 턱을 재봉합니다.

25

턱 재봉을 끝낸 모습입니다.

26

장식용 단추나 스냅 단추를 달아주면 완성.
→ 스냅 단추 다는 법은 P.103을 참고하세요.

Flat Collar
플랫칼라

오버 사이즈의 칼라를 달면 귀엽습니다. 코트 길이는 짧게, 턱 주름은 없애는 변형입니다.
두꺼운 원단의 경우, 안감은 얇은 천을 준비해주세요.

1

코쿤 코트(쇼트 길이)와 칼라 패턴을 원단에 베껴서 재단합니다. 원단의 올이 풀리지 않도록 가장자리에 올풀림 방지액을 발라줍니다.

2

칼라 겉감과 안감을 겉끼리 마주대어 바깥쪽의 완성선을 재봉합니다. (바늘땀은 약 1.8mm)

3

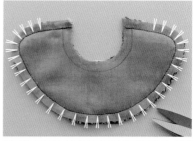

재봉한 부분이 잘리지 않도록 주의하면서, 시접에 촘촘하게 가위집을 넣어줍니다.

4

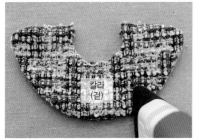

칼라를 겉으로 뒤집어 겸자로 모양을 정돈하고, 다림질합니다.

5

겉에서, 목둘레를 제외하고 고정 스티치를 넣어줍니다.

6

칼라의 겉면에 목둘레의 완성선을 그려줍니다. 몸판 위에 칼라를 놓고 시침핀으로 고정합니다.

7

앞트임의 안단 윗부분을 겉끼리 마주하도록 접어, 목둘레를 재봉합니다.

8

재봉한 부분이 잘리지 않도록 주의하면서, 안단의 각진 부분을 잘라내고 시접에 가위집을 넣어줍니다.

8

안단을 뒤집고, 목둘레 시접을 안쪽으로 꺾어줍니다. 원단용 접착제로 임시 고정한 후 고정 스티치를 넣어줍니다. 앞의 '코쿤 코트' 만들기 10번 과정으로 돌아갑니다.

왼쪽은 플랫칼라를 단 어레인지,
오른쪽은 플랫칼라에 길이를 짧게, 턱은 생략해서 완성했습니다.

Chester Coat
체스터 코트

코트 소재를 면 · 린넨 혼방으로 바꾸고 큼직한 테일러드 칼라를 달아 완성한 체스터 코트.
스냅단추를 달지 않고 오픈해서 입어도 멋집니다.

면·린넨 혼방	20cm × 40cm	
5mm 스냅단추	2쌍 (취향에 맞춰)	
3mm 장식용 단추	8개 (취향에 맞춰)	

1

원단에 패턴을 베껴서 재단하고, 올풀림 방지액을 바릅니다. 칼라는 1장에만 패턴을 그려 가장자리를 넉넉히 남겨서 재단합니다. 칼라 안감용 원단도 비슷한 크기로 준비합니다.

2

앞몸판과 뒤몸판의 어깨를 겉끼리 마주대어 재봉합니다. (바늘땀은 약 1.8mm) 시접에 가위집을 넣고 다림질로 시접을 나눕니다.

3

소맷부리 시접을 다림질로 접어 재봉합니다. 목둘레 시접에 가위집을 넣어줍니다.

4

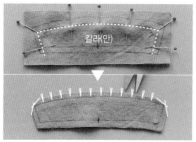

칼라 2장을 겉끼리 마주대어 목둘레를 제외하고 재봉한 후에 재단합니다. 재봉한 부분이 잘리지 않도록 주의하면서 각진 부분을 잘라내고 곡선 부분에 가위집을 넣습니다.

5

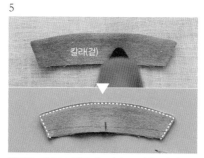

칼라를 겉으로 뒤집어, 겸자로 각을 내어주고 다림질합니다. 목둘레 부분에 올풀림 방지액을 바르고 완성선을 표시합니다. 가장자리에 고정 스티치를 넣어줍니다.

6

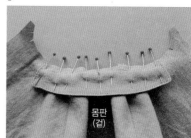

칼라와 몸판의 위치를 맞춰 시침핀을 꽂아줍니다.

7

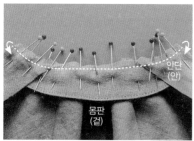

앞트임의 안단 윗부분을 겉끼리 마주하도록 접어 목둘레를 재봉합니다.

8

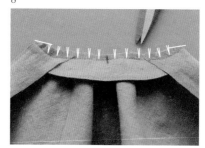

재봉한 부분이 잘리지 않도록 주의하면서, 안단의 각진 부분을 잘라내고 시접에 가위집을 넣습니다.

9

안단을 겉으로 뒤집고, 겸자로 각을 내어 형태를 정돈하고 다림질합니다. 칼라 시접은 몸판쪽으로 꺾어줍니다.

10

앞몸판과 뒤몸판을 겉끼리 마주대어 소매아래
와 옆선을 재봉합니다.

11

재봉한 부분이 잘리지 않도록 주의하면서 겨드
랑이 부분에 가위집을 넣습니다. 다림질로 시접
을 나누고, 소매를 겉으로 뒤집어줍니다.

12
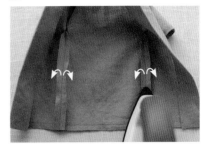

다림질로 옆선 시접을 나눕니다.

13

앞트임 부분의 안단 아래쪽을 겉끼리 마주하도
록 접어줍니다.

14

안단 아래쪽을 재봉합니다. 재봉한 부분이 잘리
지 않도록 주의하면서 각진 부분을 잘라냅니다.

15

안단을 겉으로 뒤집고 겸자로 각을 내어 정돈합
니다. 다림질로 밑단 시접을 접어줍니다.

16
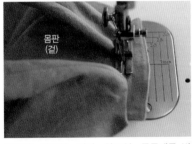

목둘레～앞트임～밑단～앞트임～목둘레를 빙
둘러서 고정 스티치를 넣어줍니다.

17

고정 스티치를 넣은 모습입니다.

18

다림질로 칼라를 정돈하면 완성. 취향에 맞춰
스냅단추나 장식 단추를 달아줍니다.
→ 스냅단추 다는 방법은 P.103을 참고하세요.

베레모, 체스터 코트, 블라우스, 티어드 스커트(3단), 부츠

Cape
케이프

큰 칼라가 클래식한 케이프. 안감을 다른 색으로 하면 포인트가 됩니다.
코쿤 코트와 같은 천으로 만들어 레이어드해도 귀엽습니다.

얇은 모직	8cm × 40cm
얇은 면(칼라 안감용)	8cm × 12cm
0호 스프링 호크	1쌍

1

원단에 패턴을 베껴서 각 부분을 재단합니다. 원단 가장자리에 올풀림 방지액을 바릅니다.

2

앞몸판과 뒤몸판을 겉끼리 마주댑니다.

3

어깨선을 재봉합니다. (바늘땀은 약 1.8㎜) 재봉한 부분이 잘리지 않도록 주의하면서 시접에 가위집을 넣어줍니다.

4

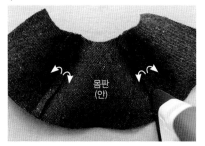

다림질로 시접을 나눕니다.

5

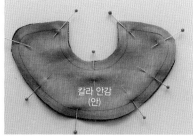

칼라와 칼라 안감을 겉끼리 마주댑니다.

6

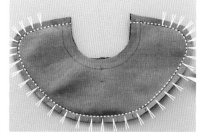

목둘레를 제외하고 완성선을 재봉합니다. 재봉한 부분이 잘리지 않도록 주의하면서 시접에 촘촘하게 가위집을 넣어줍니다.

7

겉으로 뒤집어, 송곳이나 겸자 등으로 곡선 부분을 깔끔하게 정리하고 다림질합니다.

8

겉에서, 고정 스티치를 넣어줍니다.

9

칼라 겉면에 목둘레의 완성선을 그립니다. 몸판에 칼라를 놓고 시침핀으로 고정합니다.

10

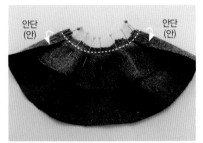

몸판의 안단 윗부분을 겉끼리 마주하도록 접어, 칼라를 재봉해 답니다.

11

재봉한 부분이 잘리지 않도록 주의하면서, 안단 시접의 각진 부분을 잘라냅니다. 목둘레 시접에 촘촘하게 가위집을 넣어줍니다.

12

안단을 겉으로 뒤집고, 다림질로 칼라 시접을 몸판 쪽으로 꺾어줍니다.

13

다림질로 밑단 시접을 접어줍니다.

14

밑단 시접에 원단용 접착제를 조금 발라서 임시 고정합니다.

15

목둘레~앞트임~밑단~목둘레를 빙 둘러 고정 스티치를 넣어줍니다.

16

고정 스티치를 넣은 모습입니다.

17

앞트임 위쪽에 손바느질로 스프링 호크를 달아 줍니다.

18

완성.

케이프, 블라우스(긴소매), 테이퍼드 팬츠, 부츠, 가방

Blouson Jacket
블루종

바스락 소재가 아닌 소박한 린넨으로 만든 블루종. 리브 부분에 사용할 니트 원단은
얇은 편이 만들기 쉽습니다. 스냅단추 없이 오픈해서 입는 것을 추천합니다.

면·린넨 혼방	18cm × 26cm
니트 원단(리브용)	6cm × 20cm
5mm 스냅단추	3쌍 (취향에 맞춰)

1

원단에 패턴을 베껴서 재단하고, 가장자리에 올 풀림 방지액을 바릅니다.

2

앞몸판과 뒤몸판의 어깨를 겉끼리 마주대어 재봉합니다. (바늘땀은 약 1.8mm)

3

다림질로 어깨 시접을 나누고, 목둘레 시접에 촘촘하게 가위집을 넣어줍니다.

4

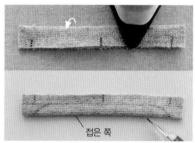

칼라를 반으로 접어서 재봉선을 그립니다.

5

몸판 위에 칼라를 놓고 시침핀으로 고정합니다.

6

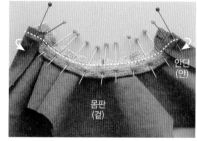

몸판의 안단 윗부분을 겉끼리 마주하도록 접어 시침핀으로 고정하고, 칼라를 재봉해 답니다.

7

재봉한 부분이 잘리지 않도록 주의하면서 안단의 각진 부분을 잘라냅니다.

8

안단을 겉으로 뒤집어서 겸자 등으로 각을 내준 후 다림질로 모양을 정돈합니다. 칼라 시접은 몸판 쪽으로 꺾어줍니다.

9

소맷부리에 약 2.5mm 폭의 주름용 재봉을 1줄 해 줍니다.
→ 주름용 재봉 방법은 P.102를 참고하세요.

10

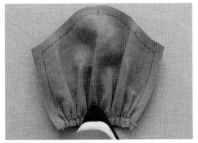

커프스의 폭에 맞춰 소맷부리 주름을 잡고, 다림질로 주름 모양을 고정합니다.

11

다림질로 커프스를 반으로 접어줍니다.

12

소맷부리와 커프스를 겉끼리 마주대어 재봉합니다.

13

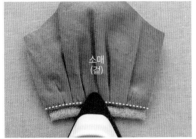

커프스 시접은 소매 쪽으로 꺾고 주름도 정돈합니다. 겉에서, 고정 스티치를 넣어줍니다.

14

소매산의 표시된 부분에 약 2.5mm 폭의 주름용 재봉을 1줄 해줍니다.

15

몸판의 소매둘레 폭에 맞춰 주름을 잡은 후 실을 매듭짓습니다. 다림질로 주름을 정돈합니다.

16

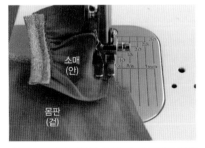

소매산 부분과 몸판의 소매둘레를 겉끼리 마주대어 재봉합니다.

17

몸판에 소매를 단 모습입니다. 시접은 소매 쪽으로 꺾고 다림질로 모양을 정리합니다.

18

뒤몸판 밑단의 턱 부분을 원단용 접착제로 임시 고정합니다.

19

앞몸판 밑단의 턱 부분도 원단용 접착제로 임시 고정합니다.

20

앞몸판과 뒤몸판을 겉끼리 마주대어, 옆선과 소매아래를 재봉합니다.

21

재봉한 부분이 잘리지 않도록 주의하면서, 겨드랑이 시접에 가위집을 넣어줍니다.

22

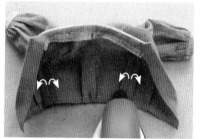

소매를 겉으로 뒤집고, 다림질로 양쪽 옆선의 시접을 나눕니다.

23

리브 원단을 겉끼리 마주하도록 반 접어서 양쪽 옆을 재봉합니다. 재봉한 부분이 잘리지 않도록 주의하면서 각진 부분을 잘라내고, 겉으로 뒤집어 다림질로 정돈합니다.

24

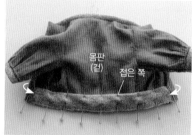

몸판 밑단과 리브를 겉끼리 마주대어 시침핀을 꽂아줍니다. 안단 아랫부분도 겉끼리 마주하도록 접어줍니다.

25

밑단을 재봉합니다. 재봉한 부분이 잘리지 않도록 주의하면서 각진 부분을 잘라냅니다.

26

안단을 겉으로 뒤집어 겸자 등으로 각을 내고 다림질합니다. 목둘레~앞트임~밑단~앞트임~목둘레를 빙 둘러 고정 스티치를 넣어줍니다.

27

취향에 맞춰 앞트임에 스냅단추를 달아줍니다. 레이어드 룩을 좋아하는 분은 스냅단추를 달지 않아도 괜찮습니다.

→ 스냅단추 다는 방법은 P.103을 참고하세요.

Blouse
블라우스

드롭 숄더 스타일의 블라우스로, 소매 재봉이 매우 쉬운 패턴입니다. 칼라는 원피스와 공통이므로 좋아하는 스타일을 선택하시면 됩니다.

60수 면   20cm × 30cm

1

원단에 패턴을 베껴 재단한 후, 올풀림 방지액을 바릅니다. 칼라 1쌍을 원단에 그려서 주변을 여유 있게 재단합니다. 칼라 안감도 같은 크기로 준비합니다.

2

앞몸판과 뒤몸판의 어깨를 겉끼리 마주대어 재봉합니다. (바늘땀은 약 1.8mm)

3

다림질로 어깨 시접을 나눕니다.

4

칼라 겉감·안감을 겉끼리 마주대어 바깥쪽 완성선을 재봉합니다. (칼라만 바늘땀 약 1.5mm)

5

재봉한 부분이 잘리지 않도록 주의하면서 시접의 각진 부분을 잘라냅니다. 겉으로 뒤집어 겸자 등으로 각을 내고 다림질합니다. 목둘레 가장자리에 올풀림 방지액을 바릅니다.

6

목둘레 시접에 촘촘하게 가위집을 넣은 후, 원단용 접착제를 조금 발라줍니다.

7

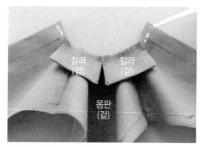

칼라와 몸판의 중심을 잘 맞춰서, 좌우 대칭이 되도록 칼라를 임시 고정합니다.

8

뒤트임의 안단 윗부분을 겉끼리 마주하도록 접고, 원단용 접착제로 임시 고정합니다. 목둘레 재봉선이 보이지 않는다면 다시 그려줍니다.

9

칼라를 재봉해 답니다. 재봉한 부분이 잘리지 않도록 주의하면서 안단의 각진 부분을 잘라냅니다. 시접에 가위집을 촘촘하게 넣어줍니다.

10

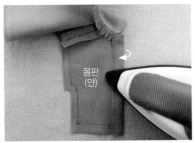

안단을 겉으로 뒤집고 겸자 등으로 각을 내줍니다. 다림질로 목둘레 시접과 칼라 시접을 몸판 쪽으로 꺾어줍니다.

11

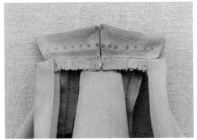

칼라의 접는 선을 그려줍니다.

12

다림질로 칼라를 깔끔하게 꺾어줍니다.

13

뒤트임~목둘레~뒤트임을 빙 둘러 고정 스티치를 넣어줍니다.

14

소맷부리에 약 2.2mm 폭의 주름용 재봉을 1줄 하고, 커프스 폭에 맞춰 주름을 잡아줍니다.
→ 주름용 재봉하는 법은 P.102를 참고하세요.

15

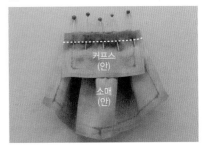

소맷부리와 커프스를 맞춰서 재봉합니다.

16

다림질로 시접을 커프스 쪽으로 꺾고, 커프스 시접도 접어줍니다.

17

소매와 커프스를 재봉한 시접 부분에 원단용 접착제를 바르고 커프스를 반으로 접어줍니다. 겉에서 재봉합니다.

18

소매산의 시접에 2.2mm 폭의 주름용 재봉을 1줄 합니다. 몸판의 소매둘레 폭에 맞춰 주름을 잡고 실을 매듭짓습니다. 다림질로 주름을 정돈합니다.

19

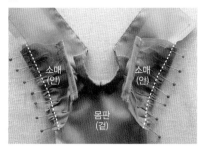

소매산과 몸판 소매둘레를 겉끼리 마주대어 재봉합니다.

20

다림질로 소매 시접을 소매 쪽으로 꺾어줍니다. 앞몸판과 뒤몸판을 겉끼리 마주대어, 양쪽 옆선과 소매아래를 재봉합니다.

21

재봉한 부분이 잘리지 않도록 주의하면서, 겨드랑이에 가위집을 넣어줍니다.

22

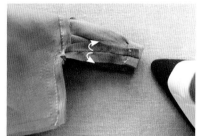

다림질로 소매아래 시접을 나눕니다.

23

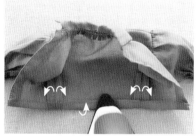

소매를 겉으로 뒤집어줍니다. 다림질로 옆선 시접을 나누고, 밑단 시접은 접어줍니다.

24

밑단에 고정 스티치를 해주고 뒤트임에 스냅단추를 달면 완성. 커프스를 팔꿈치 위로 올려서 입으면 소매가 더 풍성하게 연출됩니다.

→ 스냅단추 다는 방법은 P.103을 참고하세요.

---

arrangement
칼라 어레인지

Round Collar
둥근 칼라

1

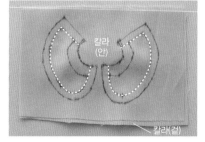

「블라우스」의 3번 과정 이후에, 칼라 2장을 겉끼리 마주대어 목둘레를 제외한 완성선을 재봉합니다. (바늘땀은 약 1.5mm) 칼라를 재단합니다.

2

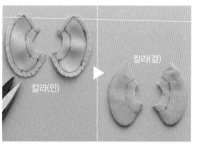

재봉한 부분이 잘리지 않도록 주의하면서 시접의 각진 부분을 잘라내고, 곡선에 촘촘한 가위집을 넣어줍니다. 겉으로 뒤집어 겸자 등으로 각을 내고 다림질로 정돈합니다.

3

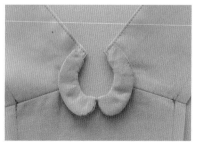

몸판 목둘레 시접에 원단용 접착제를 바르고 칼라를 임시 고정합니다. 안단 윗부분을 겉끼리 마주하도록 접고 칼라를 재봉해 답니다. 둥근 칼라 만드는 방법은 원피스와 공통입니다.

Frill Collar
프릴 칼라

초심자도 쉽게 만들 수 있는 프릴 칼라로, 원피스에도 활용할 수 있습니다.
안감으로는 나일론 샤 원단을 준비하세요.

1

블라우스의 3번 과정을 끝내고 먼저 소매를 답니다. 나일론 샤 원단을 13×17㎝로 재단해 사진처럼 몸판과 겹칩니다. 뒤트임~목둘레~뒤트임을 재봉합니다.

2

사진과 같이 안감을 재단합니다. 뒤트임 안단의 각진 부분을 잘라내고, 목둘레 시접에 가위집을 넣어줍니다.

3

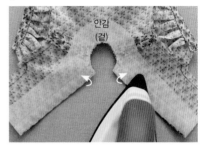

안감을 몸판 안쪽으로 뒤집어 넣습니다. 겸자 등으로 각을 내어시 곡선 부분을 정리하고, 다림질로 형태를 고정합니다.

4

프릴 칼라 원단을 겉끼리 마주하도록 반으로 접어줍니다. 양쪽 옆을 재봉하고, 각진 부분을 잘라냅니다.

5

겉으로 뒤집어 다림질합니다. 원단에 재봉선을 그리고 시접 부분에 약 2.5㎜ 폭의 주름용 재봉을 1줄 해줍니다.
→ 주름용 재봉은 P.102를 참고하세요.

6

몸판 목둘레에 맞춰 주름을 잡습니다. 실을 매듭짓고 주름이 고르게 잡히도록 정리해서 다림질합니다.

7

원단용 접착제로 칼라를 몸판 목둘레에 임시 고정합니다. 겉에서 주름이 고르게 잡혔는지 확인합니다.

8

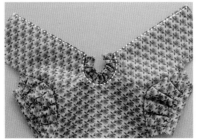

겉에서 뒤트임~목둘레~뒤트임을 재봉합니다.

9

프릴 칼라 완성. 나머지 과정은 블라우스의 4번 이후를 참고하세요.

검은색은 플랫칼라, 분홍색은 둥근 칼라, 모두 긴소매 패턴입니다.
크림색과 장미 무늬는 프릴 칼라에 반소매 패턴을 사용했습니다.

Puff Sleeve Dress
퍼프소매 원피스

품이 넉넉한 루즈 핏으로, 소매 달기가 매우 쉬운 원피스입니다.
칼라, 소매, 길이, 스커트 형태를 조합해 취향에 맞는 스타일로 완성해보세요.

60수 얇은 면	30cm × 40cm
	(티어드 스커트로 할 경우는 20cm × 100cm)
안감 (겉감과 같은 천이나 나일론 샤)	13cm × 17cm
5mm 스냅단추	2쌍

1

원단에 각 부분의 패턴을 베껴서 재단하고, 올풀림 방지액을 발라줍니다.

2

앞몸판과 뒤몸판의 어깨를 겉끼리 마주대어 재봉합니다. (바늘땀은 약 1.8㎜)

3

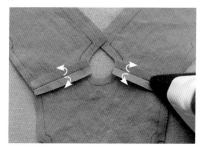

다림질로 어깨 시접을 나눕니다.

4

안감용으로 쓸 원단(같은 천이나 나일론 샤)을 13×17㎝ 크기로 준비합니다. 안감용 원단을 몸판과 겉끼리 마주댑니다.

5

뒤트임~목둘레~뒤트임을 재봉합니다.

6

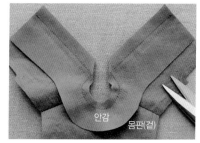

사진과 같이 안감을 재단해 올풀림 방지액을 발라줍니다. 겉감과 같은 천으로 할 경우, 몸판에 올풀림 방지액이 묻지 않도록 주의하세요.

7

재봉한 부분이 잘리지 않도록 주의하면서 목둘레 시접에 촘촘하게 가위집을 넣어줍니다. 안단의 각진 부분을 잘라냅니다.

8

안감을 안쪽으로 뒤집어 넣습니다. 겸자 등으로 각을 내고 곡선 부분을 정리해서 다림질로 형태를 고정합니다.

9

겉으로 뒤집어, 뒤트임~목둘레~뒤트임에 고정 스티치를 넣어줍니다.

10

소맷부리 시접에 약 2.2㎜ 폭의 주름용 스티치를 1줄 넣어줍니다.

→ 주름 재봉 방법은 P.102를 참고하세요.

11

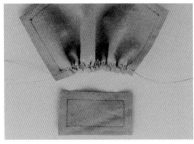

커프스 폭에 맞춰 주름을 잡고 실을 매듭짓습니다. 다림질로 주름을 정돈합니다.

12

소맷부리와 커프스를 겉끼리 마주대어 재봉합니다.

13

다림질로 시접을 커프스 쪽으로 꺾어줍니다.

14

커프스의 아래 시접을 접어줍니다.

15

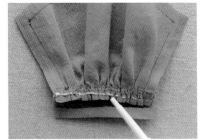

그림처럼 원단용 접착제를 바른 후, 커프스를 반으로 접어줍니다.

16

겉에서, 커프스 윗부분에 고정 스티치를 넣어줍니다.

17

소매산의 시접 부분에 약 2.2㎜ 폭의 주름용 재봉을 1줄 해줍니다.

18

몸판의 소매둘레에 맞춰 주름을 잡고 실을 매듭짓습니다.

19

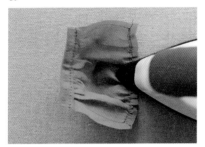

다림질로 주름을 정돈합니다.

20

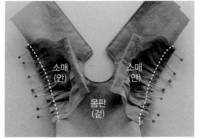

소매산과 몸판 소매둘레를 겉끼리 마주대어 재봉합니다.

21

다림질로 시접을 소매 쪽으로 꺾어줍니다.

22

앞몸판과 뒤몸판을 겉끼리 마주대어, 옆선과 소매아래를 재봉합니다.

23

재봉한 부분이 잘리지 않도록 주의하면서 겨드랑이 부분에 가위집을 넣습니다. 다림질로 소매아래 시접을 나눕니다.

24

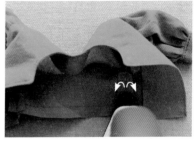

소매를 겉으로 뒤집고, 옆선 시접을 다림질로 나눕니다.

25

몸판 완성.

26

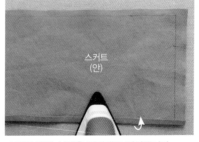

스커트 밑단 시접을 다림질로 접어줍니다.

27

스커트 밑단에 고정 스티치를 넣어줍니다.

28

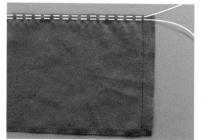

스커트 위쪽 시접에, 바늘땀 약 2.5mm 폭의 주름용 스티치를 2줄 넣어줍니다.

29

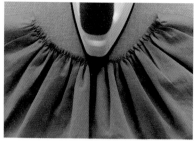

몸판 허리와 스커트 완성선의 길이를 맞춰서 주름을 잡아줍니다. 주름을 고르게 잡아 다림질로 고정합니다.

30

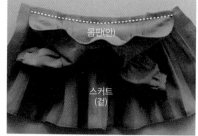

몸판 허리와 스커트를 겉끼리 마주대어 재봉합니다. 스커트의 양옆 시접은 몸판 밖으로 나와 있습니다.

31

다림질로 허리 시접을 몸판 쪽으로 꺾어줍니다.

32

스커트의 뒤트임 시접은, 허리부터 트임분까지 비스듬하게 다림질로 접어줍니다.

33

겉에서, 뒤트임~몸판 허리~뒤트임에 고정 스티치를 넣어줍니다.

34

스커트 뒤트임 쪽을 겉끼리 마주대어, 트임분을 제외하고 재봉합니다.

35

다림질로 시접을 나눕니다.

36

겉으로 뒤집어 스냅단추를 달아주면 완성. 커프스를 팔꿈치 위로 올려서 착용하면 소매의 볼륨감이 더 살아납니다.

→ 스냅단추 다는 방법은 P.103을 참고하세요.

Pin Tuck & Flat Collar
핀턱과 플랫칼라

앞몸판에 핀턱을 넣는 어레인지입니다. 노칼라에도 플랫칼라에도 귀엽습니다.

1 〈핀턱〉

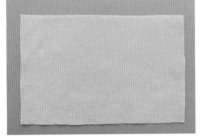

준비한 패턴보다 넉넉한 크기의 원단을 준비합니다.

2

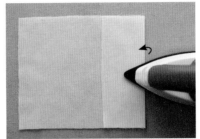

원단 결에 맞춰 다림질로 한쪽을 접어줍니다.

3

접은 곳으로부터 원하는 너비로 재봉선을 그려줍니다. (사진은 4mm입니다.)

4

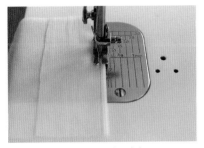

그려놓은 재봉선 위를 박아줍니다.

5

재봉을 마친 모습입니다.

6

원단을 펼쳐서, 앞서 재봉한 부분을 다림질로 꺾어줍니다.

7

같은 방법으로 첫 번째 핀턱 옆에 원하는 너비만큼을 다림질로 접어줍니다. (사진은 앞선 재봉선에서 1cm 위치를 접었습니다.)

8

3번과 같이 재봉선을 그리고, 접은 곳에서 4mm 위치를 재봉합니다.

9

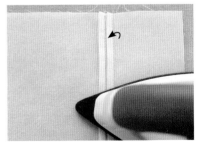

6번과 같이 원단을 펼쳐서 앞서 재봉한 부분을 다림질로 꺾어줍니다.

10

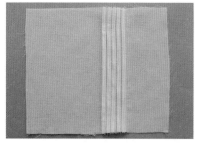

접고, 재봉하고, 펼쳐서 꺾는 것을 반복해서, 핀턱 재봉을 완성한 모습입니다.

11

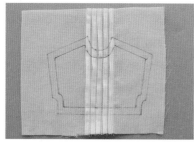

핀턱을 잡은 원단에 패턴을 베껴 그립니다.

12

재단해서 가장자리에 올풀림 방지액을 바릅니다.

13

몸판 중앙에 핀턱 완성.

1 〈플랫칼라〉

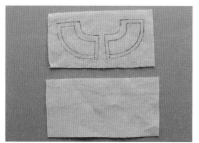

원단에 칼라 한 쌍을 베껴 그리고, 가장자리 여유를 많이 두고 재단합니다. 안감용 원단도 같은 크기로 준비합니다.

2

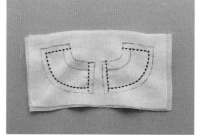

칼라 원단 2장을 겉끼리 마주대어 칼라의 바깥쪽 완성선을 재봉합니다.

3

칼라를 재단합니다. 재봉한 부분이 잘리지 않도록 주의하면서 각진 부분을 잘라내고, 시접에 촘촘하게 가위집을 넣어줍니다.

4

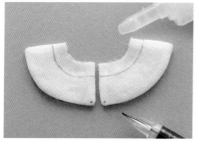

겉으로 뒤집어, 송곳이나 겸자 등으로 각진 부분과 곡선을 정돈하고 다림질합니다. 시접에 올풀림 방지액을 바르고 재봉선을 그립니다. 칼라에 앞쪽 표시를 합니다.

5

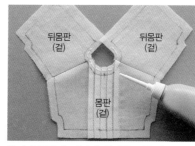

몸판의 목둘레 시접에 원단용 접착제를 조금 발라줍니다.

6

칼라와 몸판의 중심을 맞추고, 좌우 대칭을 확인하면서 칼라를 임시 고정합니다.

7

뒤트임 안단을 겉끼리 마주하도록 접어, 윗부분을 원단용 접착제로 임시 고정합니다. 재봉선이 지워졌다면 다시 그립니다.

8

칼라를 재봉해 답니다. 재봉한 부분이 잘리지 않도록 주의하며 안단의 각진 부분을 잘라내고, 시접에 촘촘하게 가위집을 넣어줍니다.

9

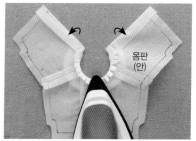

뒤트임 안단을 겉으로 뒤집고 겸자 등으로 각을 냅니다. 다림질로 목둘레 시접을 안쪽으로 꺾어줍니다.

10

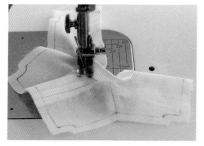

겉에서, 뒤트임~목둘레~뒤트임에 고정 스티치를 넣어줍니다.

11

다림질로 정돈하면 플랫칼라 달기 완성. 플랫칼라 만드는 방법은 블라우스와 공통입니다.

12

「블라우스」의 과정 10번 이후를 참고해서 소매를 답니다. 여기에서는 반소매 패턴을 사용했습니다.

Tiered Skirt
티어드 스커트

스커트를 2단 티어드 형태로 하는 어레인지입니다. 주름 연습용으로 추천합니다.

1

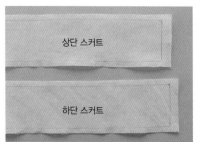

티어드용 원단을 준비해서, 원단에 올풀림 방지 액을 바릅니다.

2

하단 스커트의 밑단 시접을 다림질로 접어줍니 다.

3

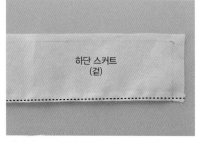

밑단에 고정 스티치를 넣어줍니다. (바늘땀은 약 1.8mm)

4

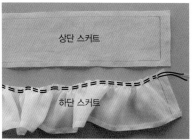

하단 스커트 위쪽 시접에 2.5mm 폭의 주름용 재 봉을 2줄 합니다. 상단 스커트의 폭에 맞춰 주 름을 잡고 실을 매듭짓습니다.
→ 주름 재봉하는 방법은 P.102를 참고하세요.

5

주름이 고르게 잡히도록 정돈하고 다림질로 고 정합니다. 상단과 하단 스커트를 겉끼리 마주대 어 재봉합니다.

6

시접은 상단 스커트 쪽으로 꺾고, 겉에서 고정 스티치를 넣어줍니다.

7

상단 스커트 위쪽 시접에 바늘땀 약 2.5mm 폭의 주름용 재봉을 2줄 해줍니다.

8

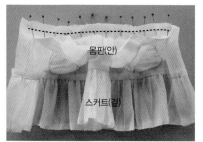

몸판 블라우스 폭에 맞춰 주름을 잡고 실을 매 듭짓습니다. 주름이 고르게 잡히도록 정돈해서 다림질합니다.

9

몸판 허리와 스커트를 겉끼리 마주대어 재봉합 니다. 스커트 양옆 시접이 몸판 밖으로 나와 있 습니다. 나머지 과정은 원피스의 31번 이후를 참고하세요.

파란색과 흰색은 플랫칼라에 반소매, 쇼트 길이의 패턴을 사용했습니다.
검은색은 둥근 칼라에 긴소매 패턴입니다. 3종 모두 티어드 스커트입니다.

Embroidery Gathered
자수 튜닉

소매 부분에 좋아하는 자수를 넣은 튜닉입니다.
어깨와 칼라 둘레에는 주름을 잡고, 몸판은 충분한 여유를 주었습니다.

60수 얇은 면	20cm × 60cm
자수실	취향에 맞춰
5mm 스냅단추	2쌍

1

원단에 패턴을 베껴서 각 부분을 재단합니다.
소매는 넉넉하게 대충 잘라 패턴을 그립니다.

2

소매 이외의 부분은 원단 가장자리에 올풀림 방
지액을 발라줍니다.

3

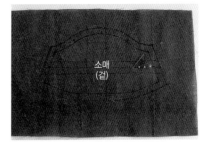

소매 패턴의 도안을 참고해 좋아하는 자수를 놓
습니다. 자수실은 1줄 잡기가 좋습니다.

4

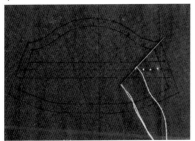

바늘 끝에 자수실을 2번 감아서 프렌치노트 스
티치를 합니다.

5

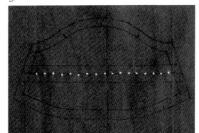

프렌치노트 스티치를 한 줄 해놓은 모습입니다.

6

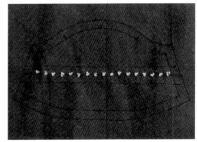

앞에서 해놓은 프렌치노트 스티치 각각의 위에
2개씩 프렌치노트 스티치를 해줍니다.

7

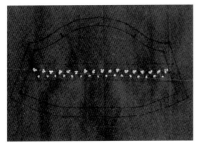

앞에서 해놓은 스티치 사이에 다시 프렌치노트
스티치를 해줍니다.

8

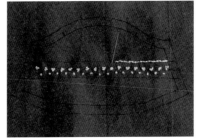

위 라인에 백스티치를 합니다. 한 줄로는 조금
얇기 때문에 두 줄째를 겹쳐 넣듯이 해줍니다.

9

아래 라인에는 백스티치 한 줄과 프렌치노트 스
티치를 해줍니다. (취향에 따라 어레인지해도
됩니다.)

10

소매를 재단해서, 가장자리에 올풀림 방지액을 발라줍니다.

11

앞몸판의 어깨 시접에 바늘땀 약 2.2mm의 주름용 재봉을 1줄 해줍니다.

→ 주름 재봉 방법은 P.102를 참고하세요.

12

뒤몸판의 어깨 시접에도 바늘땀 약 2.2mm의 주름용 재봉을 한 줄 해줍니다.

13

어깨의 완성선부터 완성선까지가 2.3cm 폭이 되도록 주름을 잡아줍니다.

14

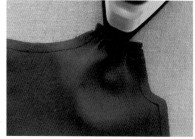

실을 매듭짓고 다림질로 주름을 고정합니다.

15

앞몸판의 어깨 주름을 잡은 모습입니다.

16

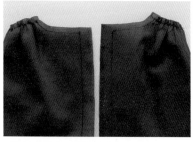

뒤몸판의 어깨 주름을 잡은 모습입니다.

17

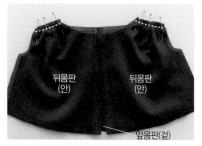

앞몸판과 뒤몸판의 어깨를 겉끼리 마주대어 재봉합니다. (바늘땀은 약 1.8mm)

18

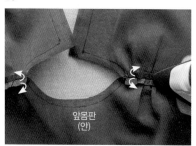

다림질로 어깨 시접을 나눕니다.

19

겉에서, 어깨에 고정 스티치를 넣어줍니다.

20

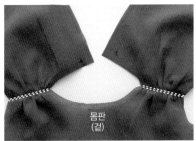

고정 스티치를 넣은 모습입니다.

21

목둘레 시접에 약 2.5mm의 바늘땀으로 주름용 재봉을 2줄 해줍니다.

22

칼라에 맞춰 주름을 잡고 실을 매듭짓습니다. 칼라의 맞춤점에 어깨의 맞춤점과 앞중심이 오도록 주름을 정돈해서 다림질로 고정합니다.

23

칼라와 몸판을 겉끼리 마주댑니다. 앞중심, 뒤판 완성선, 어깨 맞춤점에 시침핀을 꽂아줍니다.

24

주름을 고르게 잡기 위해 사이사이에도 시침핀을 촘촘하게 꽂아줍니다. 완성선을 재봉합니다.

25

시접을 3mm만 남기고 잘라냅니다.

26

다림질로 시접을 칼라 쪽으로 꺾어줍니다.

27

칼라의 시접을 안쪽으로 접고, 재봉한 시접 부분에 원단용 접착제를 발라줍니다.

28

다림질로 칼라를 접어줍니다.

29

겉에서 칼라에 고정 스티치를 넣어줍니다.

30

소맷부리 시접에 약 2.5mm 바늘땀의 주름용 재봉을 1줄 해줍니다.

31

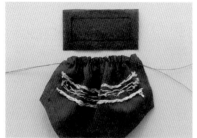

커프스 폭에 맞춰 주름을 잡고 실을 매듭짓습니다. 다림질로 주름을 정돈합니다.

32

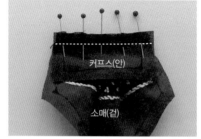

소맷부리와 커프스를 겉끼리 마주대어 재봉합니다.

33

시접을 3mm만 남기고 잘라냅니다.

34

다림질로 시접을 커프스 쪽으로 접어줍니다.

35

재봉한 시접에 원단용 접착제를 발라줍니다.

36

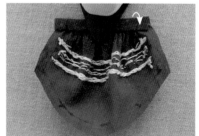

다림질로 커프스를 접어줍니다.

37

겉에서, 고정 스티치를 넣어줍니다.

38

소매산 시접의 표시에서 표시까지 바늘땀 약 2.2㎜의 주름용 재봉을 1줄 해줍니다. 몸판 소매둘레에 맞춰 주름을 잡고 실을 매듭짓습니다. 다림질로 주름을 정돈합니다.

39

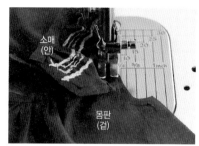

소매산과 몸판 소매둘레를 겉끼리 마주하도록 맞춰서 재봉합니다.

40

소매를 재봉해 단 모습입니다.

41

다림질로 시접을 소매 쪽으로 꺾어줍니다. 앞몸판과 뒤몸판을 겉끼리 마주대어, 옆선과 소매아래를 재봉합니다.

42

재봉한 부분이 잘리지 않도록 주의하면서, 겨드랑이 부분에 가위집을 넣어줍니다.

43

소매아래 시접을 다림질로 나눠줍니다.

44

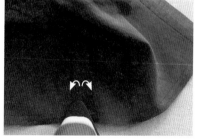

소매를 겉으로 뒤집고, 옆선 시접을 다림질로 나눠줍니다.

45

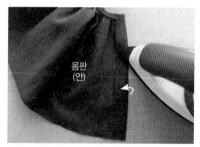

뒤트임 시접을 다림질로 접어줍니다.

46

밑단 시접을 다림질로 접어줍니다.

47

뒤트임~밑단~뒤트임을 빙 둘러서 고정 스티치를 넣어줍니다.

48

뒤트임의 칼라 시접 끝단을 감침질해서 고정합니다.

49

트임분을 제외하고 뒤트임을 재봉합니다.

50

다림질로 시접을 나눕니다.

51

겉으로 뒤집어줍니다.

52

분무기로 물을 뿌려서 자연 건조하면 내추럴한 질감으로 완성됩니다.

53

뒤트임에 스냅단추를 달아주면 완성.
→ 스냅단추 다는 법은 P.103을 참고하세요.

버킷해트(山형), 자수 튜닉, 테이퍼드 팬츠, 부츠, 숄더백(大)

Gilet

질레

앞뒤 몸판만 재봉하면 되는 간단한 패턴입니다.
앞트임 질레 스타일로도, 뒤트임 에이프런 스타일로도 즐겨주세요.

60수 얇은 면	18cm × 50cm
3.5mm 폭 실크리본	30cm

1

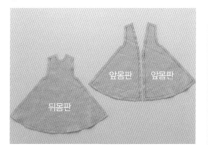

원단에 패턴을 베껴서 각 부분을 재단하고, 원단 가장자리에 올풀림 방지액을 발라줍니다.

2

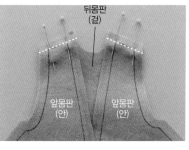

앞몸판과 뒤몸판의 어깨를 겉끼리 마주대어 재봉합니다. (바늘땀 약 1.8㎜)

3

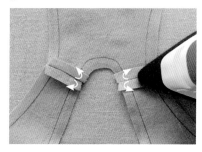

다림질로 어깨 시접을 나눕니다.

4

소매둘레에 가위집을 넣어줍니다.

5

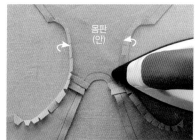

다림질로 소매둘레 시접을 접어줍니다.

6

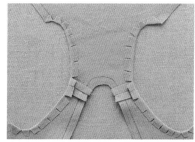

원단용 접착제를 조금 발라 소매둘레 시접을 임시 고정합니다.

7

겉에서, 소매둘레에 고정 스티치를 넣어줍니다.

8

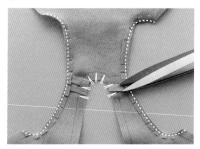

사진처럼 목둘레 시접에 가위집을 넣어줍니다.

9

다림질로 목둘레 시접을 접어줍니다.

10

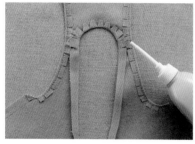

목둘레 시접에 원단용 접착제를 조금 발라 임시 고정합니다.

11

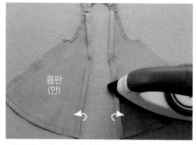

다림질로 앞트임 시접을 접어줍니다.

12

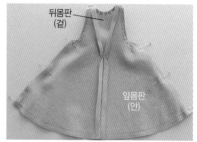

앞몸판과 뒤몸판을 겉끼리 마주댑니다.

13

옆선을 재봉합니다.

14

다림질로 밑단 시접을 접어줍니다.

15

밑단 시접 끝부분이 겉으로 삐져나오지 않도록 직각으로 잘 접어줍니다.

16

실크리본 15㎝ 정도를 잘라서, 앞트임에 원단용 접착제로 임시 고정합니다. 리본 끝에 올풀림 방지액을 발라줍니다.

17

목둘레~앞트임~밑단~앞트임~목둘레를 빙 둘러서 고정 스티치를 넣어줍니다.

18

완성. 원한다면 분무기로 물을 뿌려 자연 건조해서 내추럴한 질감으로 완성합니다.

블라우스(둥근 칼라, 긴소매), 질레, 테이퍼드 팬츠, 부츠, 토트백

Vest
베스트

전체 안감이 있는, 조금은 난이도가 있는 베스트입니다.
곡선에 촘촘하게 가위집을 넣은 후에 접는 것이 깔끔하게 만드는 포인트.

면·린넨 혼방	12cm × 25cm
안감용 얇은 면	12cm × 25cm
5mm 스냅단추	2쌍
장식용 단추, 비즈	취향에 맞춰

1

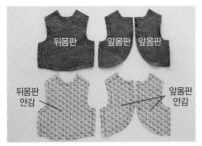

원단에 패턴을 베껴서 재단하고, 각 부분에 올 풀림 방지액을 바릅니다.

2

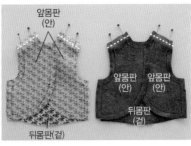

겉감과 안감 각각, 앞뒤 몸판의 어깨 부분을 겉 끼리 마주대어 재봉합니다. (바늘땀은 약 1.8mm)

3

겉감과 안감의 어깨 시접을 다림질로 나눠줍니다.

4

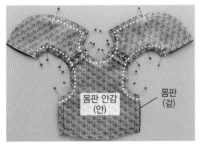

겉감과 안감을 겉끼리 마주대어, 소매둘레와 앞 트임 표시~목둘레~앞트임 표시를 재봉합니다.

5

재봉한 부분이 잘리지 않도록 주의하면서 각진 부분을 잘라내고, 곡선 부분에 촘촘하게 가위집 을 넣어줍니다.

6

다림질로 시접을 안감 쪽으로 접어줍니다.

7

옷감이 상하지 않도록 주의하면서, 겸자를 이용 해 조금씩 겉으로 뒤집어줍니다.

8

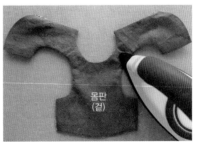

각진 부분과 곡선 부분을 겸자로 정리하고 다림 질합니다.

9

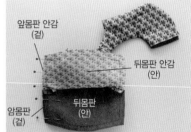

겉감의 앞뒤 몸판 옆선을 겉끼리 마주대어 시침 핀을 꽂아줍니다. 안감의 앞뒤 몸판 옆선도 같 은 방법으로 처리합니다.

10

겉감의 옆선, 안감의 옆선을 각각 재봉해 시접을 다림질로 나눕니다.

11

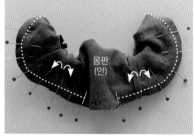

겉감과 안감의 옆선 시접을 각각 다림질로 나눕니다. 겉감과 안감을 겉끼리 마주대어 시침핀으로 고정하고, 좌우 앞트임부터 창구멍 표시까지 재봉합니다.

12

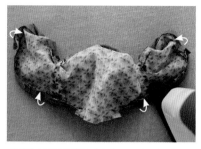

시접의 각진 부분을 잘라내고 곡선 부분에 가위집을 넣어줍니다. 다림질로 시접을 안감 쪽으로 접어줍니다.

13

창구멍을 통해 겉으로 조금씩 뒤집습니다. 각진 부분과 곡선 부분을 정돈해 다림질하고, 창구멍은 원단용 접착제로 임시 고정합니다.

14

목둘레~앞트임~밑단~앞트임~목둘레를 빙 둘러가며 고정 스티치를 넣어줍니다. 소매둘레에도 스티치를 넣어줍니다.

15

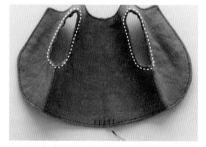

뒤몸판의 밑단에 턱 위치를 표시합니다.

16

다림질로 턱 주름을 접고, 원단용 접착제로 임시 고정합니다.

17

손바느질로 턱 주름을 고정합니다.

18

앞트임에 스냅단추나 장식용 비즈를 달면 완성.
→ 스냅단추 다는 방법은 P.103을 참고하세요.

블라우스(프릴 칼라, 반소매), 베스트, 하프 팬츠, 부츠, 보디백

Tiered Skirt
티어드 스커트

원피스 또는 코트와의 코디네이션에도 매우 유용한
밸런스 좋은 길이의 스커트입니다.

60수 얇은 면	20cm × 64cm
5mm 스냅단추	1쌍

1

원단에 패턴을 베껴 재단하고, 가장자리에 올풀림 방지액을 바릅니다. (사진은 3단의 경우)

2

하단 스커트의 밑단 시접을 다림질로 접어줍니다.

3

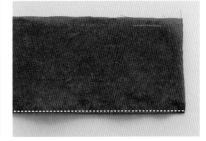

하단 스커트의 밑단에 고정 스티치를 넣어줍니다. (바늘땀은 약 1.8mm)

4

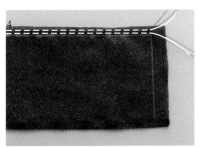

하단 스커트 윗부분에 약 2.5mm 폭의 주름용 재봉을 2줄 해줍니다.
→ 주름 재봉 방법은 P.102를 참고하세요.

5

중단 스커트의 폭에 맞춰 주름을 잡습니다. 실을 매듭지어 주름을 정돈하고 다림질로 고정합니다.

6

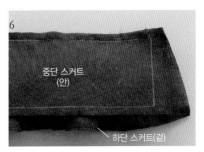

하단 스커트와 중단 스커트를 겉끼리 마주대어 재봉합니다.

7

다림질로 시접을 위쪽으로 꺾어줍니다.

8

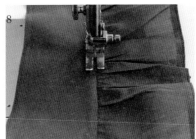

겉에서 고정 스티치를 넣어줍니다.

중단 스커트의 위쪽에 약 2.5mm 폭의 주름용 재봉을 2줄 해줍니다. 상단 스커트의 폭에 맞춰 주름을 잡습니다. 실을 매듭지어 주름을 정돈하고 다림질로 고정합니다.

10

중단 스커트와 상단 스커트를 겉끼리 마주대어 재봉하고, 다림질로 시접을 위쪽으로 꺾어줍니다.

11

상단 스커트의 위쪽에 약 2.5mm 폭의 주름용 재봉을 2줄 해줍니다. 허리벨트 폭에 맞춰 주름을 잡고 실을 매듭지은 후, 다림질로 주름을 정돈합니다.

12

허리벨트와 스커트를 겉끼리 마주대어 재봉합니다. 다림질로 시접을 허리벨트 쪽으로 꺾어줍니다.

13

다림질로 허리벨트 시접을 접어서, 원단용 접착제로 임시 고정합니다.

14

겉에서, 고정 스티치를 넣어줍니다.

15

스커트 뒤트임의 트임분 시접을 다림질로 접어 재봉합니다.

16

스커트를 겉끼리 마주대어, 뒤트임 표시점까지 재봉합니다.

17

다림질로 뒤트임의 시접을 나눕니다.

18

뒤트임에 스냅단추를 달면 완성. 원한다면 분무기로 물을 뿌려 자연 건조해서 내추럴한 질감을 냅니다.

→ 스냅단추 다는 방법은 P.103을 참고하세요.

Point 〈스냅단추 다는 요령〉 ─────

사용하는 원단의 두께에 따라 허리 사이즈가 달라질 수 있습니다. 인형에 상의를 입힌 후에 스커트를 입혀서 허리 사이즈를 확인한 후에 스냅단추를 답니다.

버킷해트(山형), 자수 튜닉, 티어드 스커트(3단), 부츠

Pleated Wrap Skirt
플리츠 랩스커트

사각형 원단을 접어서 랩 스타일로 완성하는 플리츠 스커트입니다.
벨트의 폭은 버클의 안쪽 폭에 맞춰 조정해주세요.

린넨	20cm × 40cm
가죽이나 합피	3cm × 5cm
4mm × 6mm 버클	1개
5mm 스냅단추	2쌍

1

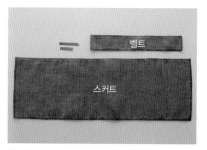

원단에 패턴을 베껴서 각 부분을 재단하고, 가
죽 이외의 원단에는 올풀림 방지액을 바릅니다.

2

스커트 밑단 시접을 다림질로 접어줍니다.

3

스커트 양쪽 옆 시접을 다림질로 접어줍니다.

4

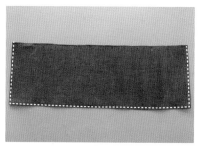

겉에서, 양쪽 옆과 밑단에 고정 스티치를 넣어
줍니다. (바늘땀은 약 1.8mm)

5

플리츠를 접어줍니다.

6

주름 가공 스프레이를 뿌립니다. (없다면 분무
기로 물을 뿌려 주어도 됩니다.)

7

천을 덧대어 다림질을 해주면 주름이 고정됩니
다.

8

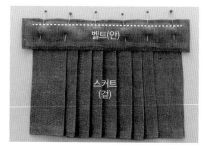

허리벨트와 스커트를 겉끼리 마주대어 재봉합
니다.

9

시접은 허리벨트 쪽으로 꺾고, 허리벨트 양쪽
옆 시접을 다림질로 접어줍니다.

10

다림질로 허리벨트 시접을 접어줍니다.

11

겉에서, 허리벨트를 빙 둘러 고정 스티치를 넣어줍니다.

12

스티치를 넣은 모습입니다.

13

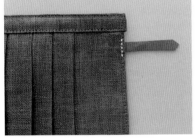

원단용 접착제를 이용해, 랩스커트 한쪽 끝에 가죽 벨트를 임시 고정한 후 재봉합니다. 재봉이 어려운 경우에는 손바느질합니다.

14

랩스커트의 다른 쪽에 붙일 버클에 가죽벨트를 통과시켜 접착제로 고정합니다.

15

버클을 스커트에 임시 고정한 후 재봉합니다.

16

스냅단추를 답니다.
→ 스냅단추 다는 방법은 P.103을 참고하세요.

Point 〈스냅단추 다는 요령〉
사용하는 원단의 두께에 따라 허리 사이즈가 달라질 수 있습니다. 인형에 상의를 입힌 후에 스커트를 둘러서 허리 사이즈를 확인한 후에 스냅단추를 답니다.

17

안쪽에서 본 모습입니다.

18

완성.

블루종, 블라우스(프릴 칼라), 플리츠 랩스커트, 핸드백(小)

Tapered Pants
테이퍼드 팬츠

위아래에 턱을 잡아서 여유 있는 실루엣의 팬츠입니다.
임시 고정용 접착제는 소량으로 충분하므로, 시접 안쪽에 점을 찍듯이 발라주세요.

면 린넨 혼방(또는 60수 얇은 면)	18cm × 30cm
5mm 스냅단추	1쌍

1

원단에 패턴을 베껴서 재단하고, 각 부분에 올 풀림 방지액을 발라줍니다.

2

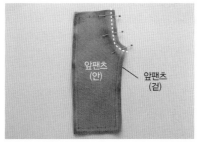

좌우 앞팬츠를 겉끼리 마주대어 밑위 부분을 재봉합니다. (바늘땀은 약 1.8mm)

3

재봉한 부분이 잘리지 않도록 주의하면서 시접의 곡선 부분에 촘촘하게 가위집을 넣어줍니다.

4

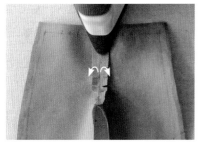

다림질로 밑위의 시접을 나눕니다.

5

앞팬츠와 뒤팬츠를 겉끼리 마주대어 양쪽 옆선을 재봉합니다.

6

다림질로 옆선 시접을 나눕니다.

7

다림질로 밑단의 턱을 접어주고, 원단용 접착제로 임시 고정합니다.

8

다림질로 밑단 시접을 접어줍니다.

9

원단용 접착제로 밑단 시접을 임시 고정합니다.

10

겉에서, 밑단에 고정 스티치를 넣어줍니다.

11

다림질로 팬츠 허리의 턱 주름을 접고, 원단용 접착제로 임시 고정합니다.

12

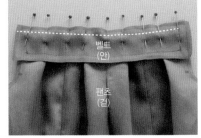

허리벨트와 팬츠를 겉끼리 마주대어 재봉합니다.

13

다림질로 시접을 허리벨트 쪽으로 꺾어줍니다.

14

다림질로 허리벨트의 시접을 접어서, 원단용 접착제로 임시 고정합니다.

15

겉에서, 허리벨트에 고정 스티치를 넣어줍니다.

16

뒤팬츠 쪽의 트임분 표시점에 가위집을 넣어줍니다.

17

다림질로 트임분의 시접을 접어줍니다.

18

겉에서, 트임분에 고정 스티치를 넣어줍니다.

19

뒤팬츠끼리 겉면이 마주하도록 겹쳐서 밑위를 재봉합니다. 시접에 가위집을 넣어줍니다.

20

다림질로 밑위 시접을 나눕니다.

21

앞팬츠와 뒤팬츠를 겉끼리 마주대어 밑아래를 재봉합니다.

22

재봉한 부분이 잘리지 않도록 주의하면서 밑아래의 중심에 가위집을 넣어줍니다.

23

다림질로 밑아래 시접을 나눕니다.

24

겉으로 뒤집어 스냅단추를 달면 완성.
→ 스냅단추 다는 방법은 P.103을 참고하세요.

Point 〈스냅단추 다는 요령〉 ─────────

사용하는 원단의 두께에 따라 허리 사이즈가 달라질 수 있습니다. 인형에 상의를 입힌 후에 팬츠를 입혀서 허리 사이즈를 확인한 후에 스냅단추를 답니다.

Half Pants

하프 팬츠

테이퍼드 팬츠와 거의 같은 방식으로 만드는 짧은 팬츠.
밑단의 턱은 앞쪽에만 넣어서 뒤쪽은 깔끔하게 마무리합니다.

면 린넨 혼방	15cm × 30cm
5mm 스냅단추	2쌍

1

원단에 패턴을 베껴서 재단하고 올풀림 방지액을 발라줍니다.

2

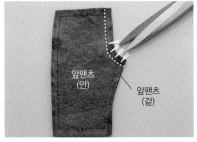

좌우 앞팬츠를 겉끼리 마주대어 밑위를 재봉합니다. (바늘땀은 약 1.8mm) 곡선 부분 시접에 가위집을 넣어줍니다.

3

다림질로 시접을 나눕니다.

4

앞팬츠와 뒤팬츠를 겉끼리 마주대어 양쪽 옆선을 재봉합니다.

5

다림질로 옆선 시접을 나눕니다.

6

다림질로 허리의 턱을 잡고, 원단용 접착제를 발라 임시 고정합니다.

7

허리벨트와 팬츠를 겉끼리 마주대어 재봉합니다.

8

시접은 허리벨트 쪽으로 꺾어줍니다.

9

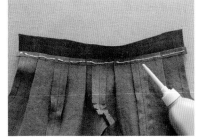

다림질로 허리벨트 시접을 접어서, 원단용 접착제로 임시 고정합니다.

10

겉에서, 허리벨트에 고정 스티치를 넣어줍니다.

11

다림질로 앞팬츠의 밑단 턱을 접고, 원단용 접착제로 임시 고정합니다. 다림질로 밑단 시접을 접어줍니다.

12

겉에서, 밑단에 고정 스티치를 넣어줍니다.

13

뒤팬츠의 트임분 표시점에 가위집을 넣어줍니다.

14

다림질로 트임분의 시접을 접고, 겉에서 고정 스티치를 넣어줍니다.

15

뒤팬츠끼리 겉면이 마주하도록 겹쳐서, 뒤팬츠의 밑위를 재봉합니다. 시접에 가위집을 넣고 다림질로 시접을 나눕니다.

16

앞팬츠와 뒤팬츠를 겉끼리 마주대어 밑아래를 재봉합니다. 재봉한 부분이 잘리지 않도록 주의하면서 밑아래 시접에 가위집을 넣어줍니다.

17

다림질로 밑아래 시접을 나눕니다.

18

겉으로 뒤집어 스냅단추를 달아주면 완성.
→ 스냅단추 다는 방법은 P.103을 참고하세요.

Point 〈스냅단추 다는 요령〉 ─────
사용하는 원단의 두께에 따라 허리 사이즈가 달라질 수 있습니다. 인형에 상의를 입힌 후에 팬츠를 입혀서 허리 사이즈를 확인한 후에 스냅단추를 답니다.

블라우스(플랫칼라, 긴소매), 질레, 하프 팬츠, 부츠, 숄더백(小)

Overalls
오버롤

팬츠 밑단에 주름을 잡아서 루즈한 핏감을 연출하는 오버롤.
재봉틀 바느질이 어려운 부분은 손바느질로 완성하세요.

면 린넨 혼방	20cm × 30cm
5mm 스냅단추	1쌍

1

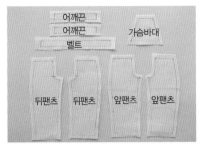

원단에 패턴을 베껴 각 부분을 재단하고, 가장
자리에 올풀림 방지액을 바릅니다.

2

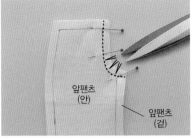

좌우 앞팬츠를 겉끼리 마주대어 밑위를 재봉합니
다. (바늘땀은 약 1.8mm) 재봉한 부분이 잘리지
않도록 주의하면서 곡선 부분에 가위집을 넣어
줍니다.

3

다림질로 시접을 나눕니다.

4

앞팬츠와 뒤팬츠를 겉끼리 마주대어 양쪽 옆선
을 재봉합니다.

5

다림질로 옆선 시접을 나누고 밑단 시접을 접어
줍니다.

6

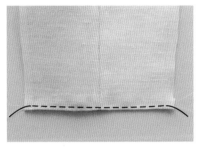

밑단에 약 2.5mm 폭의 주름용 재봉을 1줄 해줍니
다.
→ 주름 잡는 방법은 P.102를 참고하세요.

7

완성선에서 완성선까지 5cm가 되도록 주름을
잡아줍니다. 실을 매듭짓고 주름이 균일하도록
다림질로 정돈합니다. 겉에서, 고정 스티치를 넣
어줍니다.

8

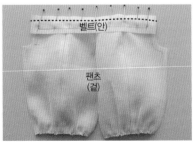

허리벨트와 팬츠를 겉끼리 마주대어 재봉합니
다.

9

시접은 벨트 쪽으로 꺾어줍니다. 다림질로 벨트
를 안쪽으로 접고, 원단용 접착제로 임시 고정
합니다.

10

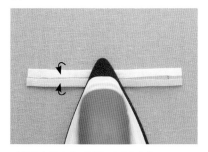

어깨끈의 위아래 시접을 접어줍니다.

11

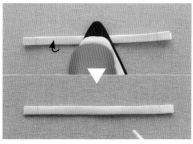

어깨끈을 반으로 접어, 원단용 접착제로 임시
고정합니다.

12

재봉합니다. (손바느질도 괜찮습니다.)

13

같은 방법으로 2줄의 어깨끈을 만듭니다.

14

가슴바대의 3면(허리 쪽 제외) 시접을 다림질로
접어줍니다.

15

원단용 접착제로 가슴바대 위에 어깨끈을 임시
고정합니다.

16

겉에서 고정 스티치를 넣어 어깨끈도 함께 재봉
되도록 합니다.

17

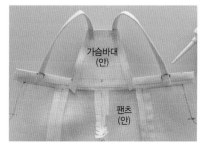

팬츠의 허리벨트에 어깨끈 부착 위치를 표시합
니다. 가슴바대와 어깨끈을 원단용 접착제로 임
시 고정합니다.

18

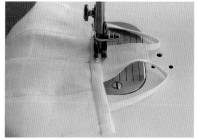

겉에서, 허리벨트의 가장자리를 재봉합니다. (두
꺼운 부분이 있으므로 손바느질도 괜찮습니다.)

19

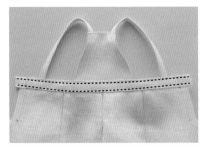

재봉을 끝낸 모습입니다.

20

뒤팬츠의 트임분 표시점에 가위집을 넣어줍니다.

21

다림질로 트임분의 시접을 접어줍니다.

22

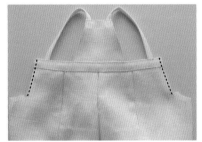

뒤트임을 재봉합니다.

23

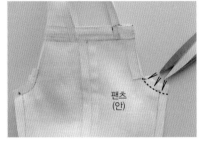

좌우 뒤팬츠를 겉끼리 마주대어 밑위를 재봉하고, 가위집을 넣어줍니다.

24

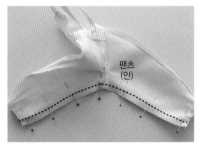

앞팬츠와 뒤팬츠를 겉끼리 마주대어 밑아래를 재봉합니다.

25

재봉한 부분이 잘리지 않도록 주의하면서 밑아래의 중심에 가위집을 넣어줍니다.

26

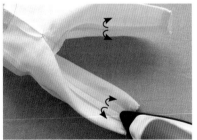

다림질로 밑아래 시접을 나눕니다.

27

겉으로 뒤집어 스냅단추를 달면 완성.
→ 스냅단추 다는 방법은 P.103을 참고하세요.

Point 〈스냅단추 다는 요령〉 ————

사용하는 원단의 두께에 따라 허리 사이즈가 달라질 수 있습니다. 인형에 상의를 입힌 후에 오버롤을 입혀서 허리 사이즈를 확인하고 원하는 위치에 스냅단추를 달아주세요.

Bucket Hat
버킷해트

부드러운 원단을 이용한 이지 스타일의 버킷해트입니다.
사이드가 산(山) 형태와 플랫 형태인, 2가지 패턴을 준비했습니다.

면 린넨 혼방	18cm × 30cm
리본	50cm

1 〈버킷해트 山〉

원단에 패턴을 베껴 각 부분을 재단하고, 올풀림 방지액을 발라줍니다.

2

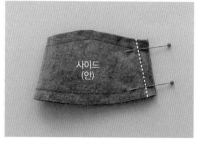

모자의 사이드를 겉끼리 마주대어 재봉합니다. (바늘땀은 약 1.8mm)

3

다림질로 시접을 나눕니다.

4

사이드 윗부분 시접에 가위집을 넣어줍니다.

5

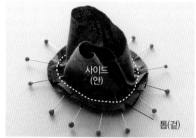

사이드 윗부분과 톱을 겉끼리 마주대어 시침핀을 꽂은 후 재봉합니다.

6

재봉한 부분이 잘리지 않도록 주의하면서, 사이드 시접에 촘촘하게 가위집을 넣어줍니다.

7

겉으로 뒤집어 다림질로 모양을 정돈합니다.

8

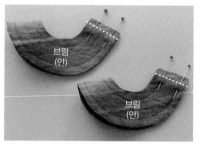

브림(챙 부분) 겉감과 안감을 각각 겉끼리 마주대어 재봉합니다.

9

다림질로 시접을 나눕니다.

10

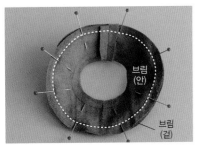

브림 겉감과 안감을 겉끼리 마주대어 재봉합니다.

11

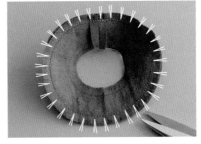

재봉한 부분이 잘라지 않도록 주의하면서 시접에 촘촘하게 가위집을 넣어줍니다.

12

다림질로 시접을 접어줍니다.

13

겉으로 뒤집어 깔끔한 도넛 모양이 나오도록 다림질로 정돈합니다.

14

바깥쪽에 고정 스티치를 넣어줍니다.

15

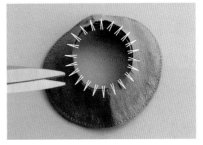

안쪽 시접에 가위집을 넣어줍니다.

16

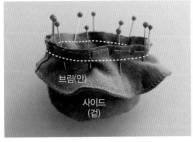

브림과 사이드를 겉끼리 마주대어 재봉합니다.

17

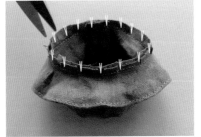

재봉한 부분이 잘리지 않도록 주의하면서 시접에 촘촘하게 가위집을 넣어줍니다. 다림질로 시접을 사이드 쪽으로 꺾어줍니다.

18

다림질로 모양을 정돈하면 완성.

1 〈버킷해트 플랫〉

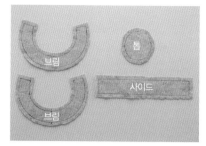

원단에 패턴을 베껴 재단하고, 올풀림 방지액을 발라줍니다.

2

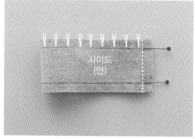

사이드를 겉끼리 마주대어 재봉합니다. (바늘땀은 약 1.8mm) 시접을 나누고 위쪽 시접에 가위집을 넣어줍니다.

3

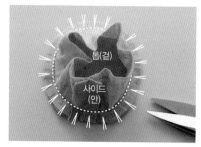

톱과 사이드를 겉끼리 마주대어 재봉해 합칩니다. 톱의 시접에 촘촘하게 가위집을 넣어줍니다.

4

겉으로 뒤집어 다림질로 모양을 정돈합니다.

5

브림 겉감과 안감을 각각 겉끼리 마주대어 재봉합니다. 다림질로 시접을 나눕니다.

6

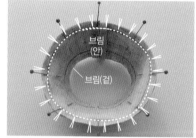

브림의 겉감과 안감을 겉끼리 마주대어 바깥쪽을 재봉합니다. 시접에 가위집을 넣고 겉으로 뒤집어, 다림질로 정돈합니다.

7

겉에서, 고정 스티치를 넣어줍니다.

8

브림과 사이드를 겉끼리 마주대어 재봉합니다. 재봉한 부분이 잘리지 않도록 주의하면서 시접에 가위집을 넣어줍니다. 다림질로 시접을 사이드 쪽으로 꺾어줍니다.

9

다림질로 모양을 정돈하고 원하는 리본 장식을 해주면 완성.

*사진의 액세서리는 이미지입니다.

Beret
베레모

2장의 펠트 패턴을 재봉해 합치기만 하면 되는 베레모입니다.
너무 부드러운 펠트를 사용하면 쓰는 입구가 쉽게 늘어나므로 주의해주세요.

펠트　　10cm × 12cm

1

원단에 패턴을 베껴서 재단합니다. 펠트 소재이
므로 올풀림 방지 처리를 하지 않아도 됩니다.

2

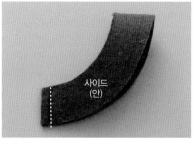

사이드를 겉끼리 마주대어 재봉합니다. (바늘땀
은 약 1.8mm)

3

다림질로 시접을 나눕니다.

4

톱과 사이드를 겉끼리 마주댑니다.

5

톱과 사이드를 빙 둘러 재봉합니다.

6

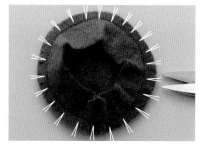

재봉한 부분이 잘리지 않도록 주의하면서 시접
에 촘촘하게 가위집을 넣어줍니다.

7

겉으로 뒤집어줍니다.

8

완성.

9

천원샵 등에서 판매하는 너무 얇고 부드러운 펠
트는 늘어날 수 있으므로, 다소 힘이 있는 펠트
를 권합니다.

Various Bag
가방

코디네이션의 마무리나 포인트로 활용하는 가방입니다.
가위와 접착제를 이용해 공작하는 느낌으로 만드는 6종의 패턴을 소개합니다.

가죽이나 합피	10cm × 20cm
3mm 둥근 고리	2개
버클이나 장식	취향에 맞춰
체인	취향에 맞춰

1 〈핸드백〉

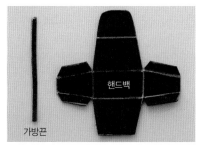

원단에 패턴을 베껴서 각 부분을 재단합니다.

2

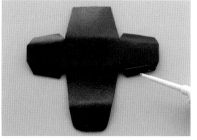

접는 선을 모두 접은 후에, 하나씩 접착제로 시접을 붙여줍니다.

3

한 번에 모든 시접에 접착제를 바른 후 조립하기는 어려우므로, 한 곳씩 접착제를 발라 조립하는 것이 요령입니다.

4

가방 안에 솜을 조금 넣어서 형태를 유지하도록 합니다.

5

가방 덮개 부분에 접착제를 발라줍니다.

6

양쪽 사이드 부분을 접어 넣으면서 덮개를 닫아줍니다.

7

가방끈의 양쪽 끝에 둥근 고리를 통과시켜서, 접는선에 접착제를 발라 고정합니다.

8

손바느질로 가방끈을 본체에 붙여줍니다.

9

버클이나 작은 장식을 달아주면 완성.

1 〈토트백〉

원단에 패턴을 베껴서 재단합니다.

2

토트백 본체를 겉면에서 접은 다음. 얇은 종이를 밑에 깔고 양쪽 옆을 재봉합니다.

3

종이를 떼어냅니다.

4

종이를 떼어낼 때는 재봉실이 당겨지지 않도록 재봉선을 따라 조심스럽게 찢어줍니다.

5

가방끈 안쪽의 가운데 부분에 접착제를 발라서, 양쪽 끝을 남기고 붙여줍니다.

6

가방끈 양쪽 끝의 안쪽에 접착제를 발라서, 토트백 본체에 붙여줍니다.

7 〈숄더백〉

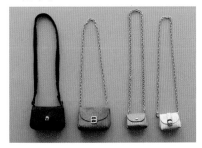

숄더백 패턴으로 가방을 만듭니다(핸드백 만드는 법을 참고하세요). 체인의 길이는 실제로 인형에게 착용시켜서 조절하세요.

8 〈보디백〉

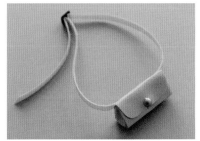

보디백도 핸드백 만드는 과정을 참고하면 됩니다. 가방끈은 접착제로 가방 안쪽 면에 붙입니다.

(위) 베레모, 숄더백(小), 핸드백(小), 숄더백(大), 버킷햇(山)
(아래) 핸드백(大), 부츠, 토트백　(오른쪽 위부터) 버킷햇(플랫), 보디백, 숄더백(小)

Boots & Socks
부츠와 양말

하농 1편에서 호평받았던 부츠 제작법을 간략화해서, 재봉틀 스티치와 펀치 구멍 없이 완성하는
새로운 디자인입니다. 양말이 살짝 보이게 착용하는 것이 포인트.

본체용 얇은 가죽	10cm × 10cm	양면테이프	적당량
바닥용 두꺼운 가죽	6cm × 4cm	수예용 솜	적당량
두꺼운 종이	3cm × 3cm	3.5mm 폭의 실크리본	60cm
안창용 원단	4cm × 4cm	양말용 얇은 니트	10cm × 10cm

(두꺼운 원단을 쓰면 구두가 벗겨지지 않을 수 있으니 주의하세요.)

1

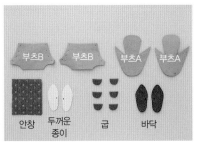

원단에 패턴을 베껴서 재단합니다. 안창용 원단의 크기는 약 4㎝ × 4㎝입니다.

2

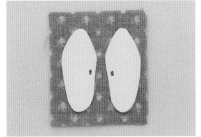

안창용 두꺼운 종이에 양면테이프를 붙인 다음 여분을 잘라줍니다. 잘라낸 종이를 안창용 원단에 붙이고, 종이에 맞춰 원단을 잘라줍니다.

3

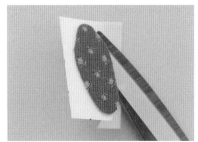

안창의 안쪽 면에도 양면테이프를 붙여서, 여분의 양면테이프를 잘라줍니다.

4

굽 모양 3장을 접착제로 겹쳐 붙입니다. 만들어진 굽을 접착제로 구두 바닥에 붙여줍니다.

5

부츠A의 점선 바깥쪽에 접착제를 붙입니다.

6

부츠A의 점선과 부츠B의 곡선을 맞춰서 붙여줍니다.

7

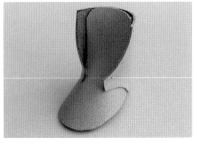

반대쪽도 똑같이 붙여주면 사진의 형태가 됩니다.

8

부츠B의 굽 부분에 촘촘하게 홈질해줍니다.

9

실을 꽉 당겨서 주름을 잡고 매듭을 짓습니다.

10

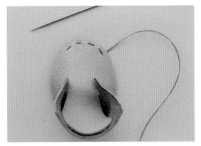

부츠A의 발끝 부분에 촘촘하게 홈질해줍니다.
(실을 매듭짓지 않습니다.)

11

안창 안쪽 면의 양면테이프를 떼어내어, 부츠의
발뒤꿈치 부분에 끼워 넣습니다.

12

안창에 맞춰 발끝을 감싸듯이 실을 꽉 당겨서
매듭을 짓습니다.

13

바닥 부분에 접착제를 발라줍니다.

14

구두바닥을 꼼꼼하게 붙여줍니다.

15

소량의 솜에 원단용 접착제를 발라 잘 스며들게
합니다.

16

솜을 작게 뭉칩니다.

17

겸자를 이용해 솜을 발끝에 넣고 발끝의 형태를
정돈합니다. 완전히 건조합니다.

18

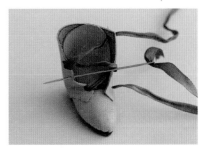

리본이 통과할 곳에 송곳 등으로 구멍을 뚫어줍
니다. 리본을 통과시킵니다.

19

리본의 끝에 올풀림 방지액을 발라주면 부츠 완성.

1 〈양말〉

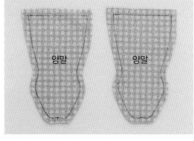

양말은 니트 등의 신축성 좋은 소재와 니트용 재봉실을 사용합니다. 원단에 패턴을 베껴 재단합니다.

2

양말의 입구 시접을 접어줍니다.

3

복사지 등 얇은 종이를 깔고 양말 입구를 재봉합니다. (바늘땀은 약 1.8mm)

4

종이를 조심스럽게 찢어서 양말 패턴을 떼어냅니다.

5

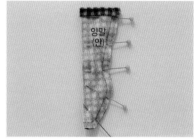

양말을 겉끼리 마주하도록 반으로 접고, 앞에서와 같이 종이를 끼워 옆선을 재봉합니다.

6

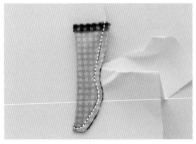

종이를 찢어서 양말을 떼어냅니다.

7

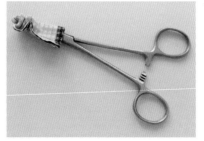

겸자를 이용해 겉으로 뒤집어줍니다.

8

완성.

Gather
주름 잡는 방법

스커트, 소매, 칼라 등에 주름 잡는 방법입니다.

1

재봉틀의 바늘땀 폭을 2.0~2.5mm로 설정합니다.

2

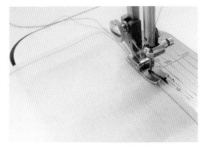

재봉 시작과 마무리에 되돌아박기를 하지 말고, 시접의 중간쯤을 재봉합니다.

3

양쪽 끝의 실을 당기기 쉽게 15cm 정도 남겨둡니다.

4

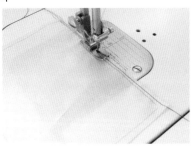

첫 번째 주름 재봉 바로 옆에 평행하게 두 번째 주름 재봉을 합니다.

5

윗실은 윗실끼리, 아랫실은 아랫실끼리 모읍니다.

6

윗실 2줄만 당겨서 주름을 잡습니다. 주름 잡는 구간이 넓다면 양쪽에서, 주름 잡는 구간이 짧다면 한쪽에서 당겨줍니다.

7

필요한 길이로 주름을 잡아서 윗실끼리 매듭을 짓습니다. 아랫실도 똑같이 매듭지어줍니다. 반대쪽도 같은 방법으로 매듭지으면 주름 폭이 고정됩니다.

8

주름이 균일하도록 정돈해서 다림질해줍니다.

9

주름 완성. 시접 부분의 주름용 실이 걸리적거린다면 실을 뽑아도 괜찮습니다.

Snap
스냅단추 다는 방법

재봉의 마무리는 스냅단추 달기. 이 책에서는 5㎜ 스냅단추를 사용했습니다.

1

재봉실을 2줄로 잡아서, 오목 스냅을 달기 시작합니다.

2

각 구멍에 바늘이 2번 통과하도록 합니다.

3

뒤중심의 겹침분을 확인하면서 오목 스냅의 중심 위치에 시침핀을 꽂아줍니다.

4
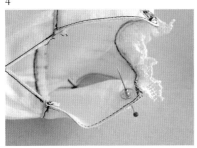
시침핀이 볼록 스냅의 중심을 통과하도록 합니다.

5

시침핀을 꽂은 채로 구멍 2개를 꿰맵니다.

6

시침핀을 빼고, 남은 구멍을 꿰맵니다.

7

두 번째 스냅을 답니다. 위의 스냅을 보고 겹침분을 확인하면서 3번처럼 시침핀을 꽂아줍니다.

8

볼록 스냅을 달면 완성!

촬영 카노리 쿠즈타, 아사코 타나카(uNdercurrent)
디지털 트레이스 유카리 쿠스케
편집 요오코 스즈키
디자인 아사코 타나카(uNdercurrent)
협력 주식회사 타카라토미
https://licca.takaratomy.co.jp/
리카 공식 SNS @bonjour_licca

HANON 하농
— Licca —

초판 1쇄 | 2024년 10월 10일

지은이 | 사토미 후지이   옮긴이 | 안은주
펴낸이 | 설응도   편집주간 | 안은주
영업책임 | 민경업   디자인 | 박성진

펴낸곳 | 라의눈

출판등록 | 2014년 1월 13일(제2019-000228호)
주소 | 서울시 강남구 테헤란로78길 14-12(대치동) 동영빌딩 4층
전화 | 02-466-1283   팩스 | 02-466-1301

문의(e-mail)
편집 | editor@eyeofra.co.kr
마케팅 | marketing@eyeofra.co.kr
경영지원 | management@eyeofra.co.kr

ISBN 979-11-92151-90-8 13630